MAURÍCIO GRABOIS
UMA VIDA PELO BRASIL

MAURÍCIO GRABOIS
UMA VIDA PELO BRASIL

Victória Lavínia Grabois
Mário Grabois

1ª edição

**EDITORA
EXPRESSÃO POPULAR**

São Paulo - 2010

Copyright © 2010 Editora Expressão Popular

Revisão: Leandra Yunis, Maria Elaine Andreotti, Ricardo Nascimento
Barreiros e Ana Cristina Teixeira
Projeto gráfico: ZAP Design
Diagramação: Krits Estúdio
Foto da capa: Diplomação de deputado constituinte – 8/9/1946.
Impressão e acabamento: Cromosete

Dados Internacionais de Catalogação-na-Publicação (CIP)

L412m	Lavínia Grabois, Victoria Maurício Gabrois uma vida pelo Brasil / Victoria Lavínia Grabois e Mario Grabois.— 1.ed.—São Paulo : Expressão Popular, 2010. 96p. Indexado em GeoDados - http://www.geodados.uem.br ISBN 978-85-7743-145-8 1. Maurício Gabrois – Biografia. 2. Comunistas – Brasil. 3. I. Título. CDD 329.981 923.2981

Catalogação na Publicação: Eliane M. S. Jovanovich CRB 9/1250

Todos os direitos reservados.
Nenhuma parte deste livro pode ser utilizada
ou reproduzida sem a autorização da editora.

1ª edição: outubro de 2010

EDITORA EXPRESSÃO POPULAR
Rua Abolição, 201 – Bela Vista
CEP 01319-010 – São Paulo-SP
Fone: (11) 3105-9500 – Fax: (11) 3112-0941
livraria@expressaopopular.com.br
www.expressaopopular.com.br

Completo 60 anos. Não é uma idade própria
para um guerrilheiro. Mas me esforço para
cumprir meu dever de revolucionário.
Dois terços de minha vida, precisamente 40 anos,
dediquei ao P. Fiz as mais diversas experiências.[*]

---

[*] Fragmento do diário de Maurício Grabois, enviado por um informante
desconhecido do Exército.

Agradecimentos

Ao Fernando, meu companheiro, que sempre me incentivou a escrever sobre meu pai e pela cumplicidade afetiva e ideológica.

Aos meus filhos Igor e Maurício e ao meu neto Gilberto, que comigo partilharam alegrias e tristezas.

À minha querida Adriana, que dedicou muitas horas de pesquisa para que este trabalho se realizasse.

Às companheiras e aos companheiros do Grupo Tortura Nunca Mais/RJ, que contribuíram para o meu amadurecimento político.

Sumário

Apresentação 11

Europa, Rússia e Bahia 15

O dirigente comunista 19

O deputado constituinte 29

A participação na grande luta interna 41

Começar de novo 53

A resistência à ditadura 59

O comandante da guerrilha 65

Em busca da verdade 79

Conclusão corrigida 85

Referências 93

Apresentação

Aloízio Alves Filho

Mário e Victória foram convidados pelo professor Aluizio Alves para escrever a biografia de Maurício Grabois para ser publicada pela Editora Expressão Popular. Os dois aceitaram a tarefa, pela importância desse grande revolucionário, que lutou a vida inteira pelos ideais comunistas. Faz-se necessária a divulgação da sua vida e obra para inspirar as novas gerações, que lutam por uma sociedade socialista. Sua coerência como um revolucionário foi inabalável, desde seu ingresso no Partido Comunista, antes de completar 20 anos, na luta contra o nazifascismo, no combate ao revisionismo contemporâneo, na (re)organização do Partido Comunista do Brasil e, finalmente, como dirigente e combatente da Guerrilha do Araguaia, uma resistência à ditadura militar imposta ao povo brasileiro, o qual ele sempre defendeu das injustiças ao longo de sua vida.

Os movimentos sociais e a sociedade em geral precisam conhecer os comunistas que dedicaram sua existência à causa proletária.

Há mais de 20 anos a família de Maurício Grabois fez tentativas para escrever sobre a vida desse grande herói da história brasileira, mas as dificuldades foram imensas. Os textos escritos por Grabois durante o regime militar e todas as suas referências bibliográficas, por segurança, eram destruídos a cada vez que um militante do PCdoB era preso. Quando um comando do exército invadiu sua casa, em 2 de abril de 1964, retirou todos os livros e pastas com documentos, assim a família não possuía material histórico para iniciar a elaboração de uma biografia.

Após a promulgação da Lei da Anistia em 1979, Alzira, sua esposa, iniciou as pesquisas na Biblioteca Nacional, procurando os jornais da *Classe Operária*, visando encontrar os inúmeros artigos publicados por ele no período de 1962 até o início de 1964, e nada encontrou. Maurício era muito cuidadoso, cada número do jornal publicado era remetido por ele à Biblioteca. Supõe-se que os militares tenham retirado os exemplares do jornal comunista do arquivo desse órgão público.

O único documento obtido, na seção de periódicos, foi o artigo publicado em *Novos Rumos* no período do 5º Congresso do Partido Comunista Brasileiro em 1961, "Duas concepções, duas orientações políticas".

Alzira e sua filha Victória buscaram documentos escritos e publicados por Grabois, nos Arquivos Estaduais dos Departamentos de Polícias Políticas, os antigos Dops de São Paulo e Rio de Janeiro, em sebos e com amigos e companheiros. Nos arquivos públicos e no *habeas data* enviado pela Agência Nacional de Informação (Abin), a documentação arquivada é muito incipiente. Durante essa busca encontraram alguns exemplares da revista *Problemas*, onde estão veiculados vários artigos, inclusive o discurso proferido por Grabois na Câmara Federal, por ocasião da cassação dos mandatos dos deputados comunistas.

A partir de 1979, muitos livros sobre o regime de exceção foram escritos por historiadores, cientistas políticos e pesquisadores em geral, analisando essa época trágica da vida brasileira. Ao pesquisar tais livros, os autores verificaram que havia material substancial para escrever a biografia de Maurício Grabois.

No final do ano de 2008, os autores iniciaram as pesquisas para escrever sobre o seu pai e tio-avô Maurício Grabois, no sentido de desconstruir a memória histórica produzida pelos órgãos oficiais e construir a história das classes populares, a sua resistência e luta.

Maurício Grabois é um exemplo para a história brasileira por ter sido um dos mais brilhantes comunistas, propagandista de ideias lúcidas, agitador apaixonado, polemista por excelência, de rara sensibilidade. Foi um grande comunista que deu a sua vida por suas convicções políticas e ideológicas.

Album de família. Da esquerda para a direita: Maurício com os irmãos: Maria, José, Bernardo e Jayme. No centro, sentados: o cunhado Nathan e a irmã Helena.

Maurício na casa do irmão Jayme no dia que foi solto da prisão, 1942. Album de família.

Da esquerda para a direita, o irmão Jayme, o pai Augustin, Maurício e o irmão Bernardo, 1938. Album de família.

Europa, Rússia e Bahia

No início do século 20, a jovem Dora Kaplan, de apenas 16 anos, natural de Odessa, principal centro cultural da Ucrânia, na Rússia, casa-se com o jovem Augustin Grabois, de Kishinev, capital da Bessarábia, atual República da Moldávia. Dora pertencia à típica família judaica descrita por Isaac Babel no clássico *Contos de Odessa*.

Dora, uma típica mulher judia, vivia para o lar: cozinhava, lavava e passava, controlava a educação dos filhos e respeitava o Sabat, dia sagrado dos judeus. Os dois tinham como meta a formação profissional da prole e decidiram que todos seriam médicos.

Augustin e Dora fugiram da Ucrânia em 1905 durante a guerra do Japão contra a Rússia. Emigraram com a filha mais velha, Helena, para a Argentina, onde nasceram mais três filhos: Bernardo, Jayme e Maria. Chegaram ao Brasil no final do ano de 1910, em Santos, fixaram residência em São Paulo e depois Campinas, onde nasceram Maurício, em 2 de outubro de 1912, e, um ano depois, José, o caçula.

Em 1923, muda-se com a família para Salvador, bairro de Nazaré, onde a maioria dos judeus oriundos da Europa central havia se estabelecido. Nessa época, Maurício ingressa no Ginásio da Bahia, tendo como colega de turma Carlos Marighela. Brilhantes, os dois destacam-se dos demais alunos. Mantiveram a amizade por toda a vida. Quando soube do assassinato de Marighela pela repressão, Grabois ficou tão abalado que chorou. Além de Grabois e Marighela, também estudaram no Ginásio da Bahia Jacob Gorender, Mário Alves, Glauber Rocha, João Ubaldo Ribeiro, entre outros.

A família residia na capital baiana, quando o velho Augustin pede à sua mulher Dora para queimar uns papéis, e ela, sem perceber, acaba queimando as certidões dos filhos brasileiros e chamuscando as dos filhos argentinos. Diante do ocorrido, Agustín foi ao cartório do bairro de Nazaré e registrou novamente os dois filhos brasileiros e aproveitou para aumentar a idade do caçula José. Maurício Grabois, nascido em São Paulo, e José Grabois, em Campinas, a partir desse episódio tornaram-se baianos. José teria que entrar para a escola com o irmão mais velho, Maurício. Assim, os dois ingressaram no Ginásio da Bahia no primeiro ano do curso ginasial.

Maurício Grabois e os irmãos lecionavam para os colegas que apresentavam dificuldade no aprendizado, por isso, tornaram-se conhecidos professores na colônia judaica de Salvador.

Em 1930, a família muda-se para o Rio de Janeiro, deixando em Salvador Helena, que se casa com Nathan Fidelman, um jovem da comunidade judaica. Os filhos de Augustin e Dora conseguem suplantar todas as dificuldades e se formam em medicina, com exceção de Maurício e Helena.

Como a maioria dos seus ancestrais, sempre expulsos dos mais diversos países devido à perseguição e discriminação contra o povo judeu, Augustin, camponês, russo e judeu, deixou para os filhos o maior patrimônio: a educação. Trabalhava como mascate, mas, em algumas ocasiões, tentou abrir pequenas lojas para melhorar de vida. Como não tinha capital de giro, os estabelecimentos fechavam com a mesma frequência com que abriam. Cansado e muito abalado com a morte do filho José, aos 21 anos, recém-formado em medicina, o velho lutador falece em 1937.

Maurício (ao centro) assinando o termo de compromisso no dia da diplomação de deputado constituinte, no dia 18 de setembro de 1946. O segundo da esquerda para a direita é João Amazonas, e o terceiro, Jorge Amado.

O dirigente comunista

Ingressei nas fileiras partidárias como soldado e desenvolvi, em 1932 e 1933, intensa atividade nos quartéis. Em seguida, durante alguns anos, fui dirigente da UJC. Posteriormente, integrei o Secretariado Regional do Rio de Janeiro (hoje Guanabara). Ocupei durante longo período o cargo de secretário Nacional de Agitação e Propaganda do Partido.[1]

O ano de 1930 marca a transformação das estruturas político-sociais do Brasil. Pela primeira vez um presidente da República é deposto – Washington Luís. Encerra-se um longo período da história brasileira.

O pacto oligárquico que conduzira a República Velha, herança política dos tempos do Império, não mais tinha condições de responder às exigências políticas, sociais e econômicas do novo Brasil que surgia. Uma burguesia industrial em ascensão, setores urbanos em processo de formação de uma classe média e um proletariado que começava a se organizar por seus direitos reivindicavam a constituição de um poder que os representasse.

---

[1] Fragmento do diário de Maurício Grabois, enviado por um informante desconhecido do Exército.

Vale destacar ainda nos anos de 1920 o surgimento do Tenentismo, movimento político de origem militar que mobilizou a jovem oficialidade em sua luta pela renovação da vida brasileira e contra as forças conservadoras da República Velha. A Coluna Prestes foi a expressão maior e mais profunda do Tenentismo.

Ao se referir ao esgotamento político da República Velha, o historiador Hélio Silva afirmou:

> a política dos gabinetes, dirigida pelos homens de uma época em que se impunham ideias e hábitos exóticos, perdeu a sua razão de ser, à falta de conexão e ligamento com a vastidão da terra e a imensidade de seu povo. (1975, p. 31)

O governo provisório, organizado pelos vitoriosos da Revolução de 1930, teve a tarefa de eliminar o arcabouço anacrônico da República Velha e abrir o país para a edificação das estruturas de uma nova República.

Nesse contexto histórico, em 1931, Maurício ingressa como aluno da Escola Militar de Realengo, de onde, em menos de um ano, foi afastado porque não fora aprovado em uma das provas militares. A disciplina do quartel era bastante rígida, e Maurício e outros companheiros vindos de escolas não militares protestaram contra os exercícios pesados e o tratamento autoritário que lhes impunham os instrutores. Os cadetes foram punidos, e o comandante da Escola exigiu que todos se retratassem. Maurício se recusou e foi rebaixado a soldado.

Na tropa, ele conheceu militantes comunistas e, em 1932, ingressou no Partido Comunista do Brasil – PCB,[2] antes de completar 20 anos. Desde então dedicou sua vida por inteiro à atividade partidária. Tomou parte ativa na luta contra o nazifascismo, na Aliança Nacional Libertadora (ANL) e atuou na Juventude Comunista. Após sua saída do Exército, em 1934, foi designado para atuar no Setor Nacional de agitação e propaganda da Juventude Comunista.

A união de democratas e comunistas para combater o avanço dos nazifascistas culminou com a fundação da ANL, em 1º de março de 1935. Os comunistas, então, tentaram implantar um governo popular, mas a reação dos conservadores foi imediata, e os chefes militares exigiram do governo medidas de exceção para impedir a tomada do poder pelas forças progressistas. A tentativa ocorreu na noite de 23 de novembro de 1935, no quartel do 21º Batalhão de Caçadores em Natal, Rio Grande do Norte, quando militares e civis ocuparam o local, após violento combate com as forças governamentais. Os revolucionários tomaram de assalto vários pontos estratégicos da cidade e instalaram o Comitê Popular Revolucionário, mantendo o controle da cidade de Natal até o dia 27 de novembro, quando foram presos e, muitos, fuzilados.

---

[2]   O PCB foi fundado em 1922 e denominado Partido Comunista do Brasil.

O movimento estendeu-se até o Estado de Pernambuco, onde ferroviários, trabalhadores de transportes terrestres e de carvão e da Companhia de Força e Luz, que estavam em greve, enfrentaram as tropas do 29º Batalhão de Caçadores.

Na madrugada do dia 27 de novembro, levantou-se o 3º Regimento de Infantaria da Praia Vermelha, no Rio de Janeiro, e em poucas horas as tropas[3] governamentais assumiram o controle da situação.

Após esses episódios, a repressão aos comunistas e aliancistas foi violenta. O governo decretou o *estado de guerra,* que era prorrogado a cada 90 dias e, através desse instrumento jurídico draconiano, prendeu, torturou, deportou e fuzilou inúmeros opositores do regime vigente.

Em 30 de setembro de 1937 o general Góis Monteiro, chefe do Estado-Maior do Exército, divulga à nação o "tenebroso" Plano Cohen: uma suposta manobra comunista para a tomada do poder através da luta armada, assassinatos e invasão das residências de militares e policiais. O plano não passa de uma fraude forjada por membros da Ação Integralista para justificar o golpe de

---

[3]   ROEDEL, Hiran; AQUINO, Rubin Santos Leão de; VIEIRA, Fernando Antônio da Costa; NEAGELI, Lucia Baère; MARTINS, Luciana (org.). *PCB: oitenta anos de luta*. Rio de Janeiro: Fundação Dinarco Reis, 2002, pp. 30-32.

Estado. Frente à "ameaça vermelha", o governo pede ao Congresso a decretação de estado de guerra, concedido em 1º de outubro de 1937. É o início do golpe.[4]

Após a derrota comunista, Maurício passou a viver na clandestinidade. Foi designado pelo Partido para dirigir a Juventude Comunista em Belo Horizonte, onde foi condenado à revelia, em 1940, num processo com vários outros companheiros. Preso no início de 1941, no Rio de Janeiro, e libertado em julho de 1942, passou a integrar o Secretariado Nacional Provisório do Partido e teve como tarefa principal rearticulá-lo nacionalmente e organizar a Conferência Nacional. No processo de reestruturação partidária, ao lado de Amarílio de Vasconcelos, que se torna seu grande amigo, forma a Comissão Nacional de Organização Provisória (CNOP).

Na casa dos Vasconcelos, Maurício conhece Alzira, que seria sua companheira por 33 anos. Em 1940, Maurício e Alzira foram viver juntos; como ambos não eram religiosos e adeptos da liberdade decidiram viver uma união livre.

Alzira, filha de um alfaiate e de uma professora primária, nasceu em 4 de fevereiro de 1917 em Quissamã, distrito de Macaé, hoje elevado à categoria de cida-

---

4   SILVA, Hélio; Carneiro Mara Cecília Ribas. "O governo provisório". *In: História da República Brasileira.* São Paulo: Editora Três, 1975, v. 8, pp. 31-69.

de. Aos 16 meses, ficou órfã de mãe. Sua mãe morreu de febre tifoide, deixando oito filhos, a mais velha com 13 anos.

Como a situação financeira de seu pai era precária, ele foi obrigado a distribuir os filhos para os respectivos padrinhos. Alzira foi morar em Campos com o padrinho, um grande usineiro da região. Teve uma educação de sinhazinha, aulas de piano, canto e francês; frequentava o teatro, quando lá se apresentavam as grandes companhias teatrais do Rio de Janeiro. Estudou em um dos melhores colégios da cidade.

Por volta de 1930, seu pai desfrutava de uma situação mais favorável; pôde reunir os filhos e veio para o Rio de Janeiro. Nessa época, Alzira ingressou no Colégio Pedro II, onde foi uma aluna brilhante.

Quando se conheceram, Maurício Grabois era funcionário da Panair do Brasil e ela, estudante da Faculdade de Direito de Niterói, hoje Universidade Federal Fluminense (UFF). Para sobreviver, lecionava como professora primária em escolas particulares. A partir daí, a vida dos dois se interligou para sempre. Foram perseguidos pelos governos Vargas, Dutra e pelo regime militar de 1964, vivendo o maior período de suas vidas na clandestinidade. O sofrimento dos dois era ainda mais agravado pela não aceitação da família Grabois da união de Maurício com uma mulher não judia.

O casal morava em um quarto alugado no Bar Vinte em Ipanema e Alzira engravidou nesse período. Sua irmã, Adahil, achou um absurdo os dois continuarem a morar tão mal, até porque em breve a família seria aumentada. Então, os dois alugaram o apartamento destinado ao zelador, no mesmo prédio em que Adahil morava, na Rua Dias Ferreira nº 72, Leblon.

O apartamento era térreo e de fundos, a entrada era medonha, pois a porta principal ficava em uma área próxima à lixeira do edifício. O lixo não era ensacado como hoje; na época, os lixeiros entravam e retiravam o entulho com pás. As janelas da cozinha e da sala davam para esse pátio e havia ainda um quintal, onde Grabois plantou um enorme abacateiro. Os quartos tinham portas para esse quintal, cujo muro dava para a Rua Ataulfo de Paiva, por onde Luiz Carlos Prestes, que frequentava a casa, conseguiu fugir durante um cerco policial.

Nesse modesto apartamento também moraram, junto com a família Grabois, os secretários de Prestes, Armênio Guedes e Jacob Gorender. Ali, também iam participar de reuniões inúmeros intelectuais, entre os quais Carlos Drummond de Andrade.

Em fevereiro de 1943, o Exército Vermelho abre caminho para derrotar os alemães, depois de seis meses do cerco nazista à cidade de Stalingrado. Grabois, a partir desse fato, vislumbra a derrota do nazifascismo e a construção de uma sociedade mais humana, onde os direitos do cidadão pudessem ser implementados.

Em agosto do mesmo ano, cerca de 20 dirigentes comunistas vinculados à CNOP realizam a Conferência da Mantiqueira, que reorganiza o PCB após anos de desarticulação, perseguições e prisões. Da reunião fazem parte Maurício Grabois, João Amazonas, Amarílio Vasconcelos, Diógenes Arruda, Mario Alves, entre outros destacados líderes partidários.

Além de decidir sobre as tarefas de organização, a reunião tomou uma importante decisão tática ao reafirmar a linha política de *União Nacional externa e interna*. A decisão alterava radicalmente a posição anterior dos comunistas em relação à avaliação sobre o período iniciado em 1937. Tratava-se, agora, da compreensão de que deveria ser construída uma grande unidade de todo o país, incluindo o governo, para travar a luta contra o nazifascismo e pela democracia.

A conferência considerou que o governo do presidente Vargas não possuía caráter fascista e era necessário que os comunistas dessem *apoio irrestrito à política de guerra e ao governo que a realiza*.[5]

A aprovação da tática de *União Nacional* na conferência, no entanto, não ocorreu sem uma grande luta interna. Grabois, ao lado de Amazonas e Arruda, teve

---

[5]   CARONE, Edgar. O PCB – 1943-1964, 1982, p. 3.

papel de destaque na defesa da proposição e no trabalho de convencimento dessa alternativa política junto aos camaradas.

Maurício Grabois é eleito para o Comitê Central, e Prestes, ausente da reunião por se encontrar preso, é nomeado secretário-geral do PCB.

Ainda no mesmo ano, em 1º de novembro, ocorre o nascimento da filha do casal, que recebe o nome de Victória em homenagem à vitória soviética durante a batalha de Stalingrado.

Capa da Constituição de 1946, assinada pela bancada do PCB e outros constituintes.

O deputado constituinte

Como deputado federal na legenda do Partido Comunista do Brasil, tornei-me líder da bancada comunista na Câmara dos Deputados. Orientei, durante longo tempo, na função de diretor, o órgão central do CC, 'A Classe Operária', principalmente depois da reorganização do Partido, em 1962, e do rompimento com o revisionismo.[6]

No final da Segunda Guerra Mundial, o PCB, ao lado de setores democráticos da sociedade, inicia campanhas contra o nazifascismo, pela anistia aos presos políticos, pela democratização e por uma Assembleia Nacional Constituinte, culminando com a renúncia de Getúlio Vargas.

Com a derrota de Hitler e Mussolini, e com o fim da hegemonia da Inglaterra, dois polos políticos e ideológicos passam a dividir o mundo: de um lado, os países dominados pelo capitalismo, tendo à frente os Estados Unidos; do outro, o bloco socialista, em torno da liderança da União Soviética. Países que tiveram papel de

---

[6]   Fragmento do diário de Maurício Grabois.

destaque na vitória contra o eixo, tanto os EUA como a URSS ascendem rapidamente no cenário mundial após a grande guerra.

No Brasil, com o colapso da ditadura Vargas, surgem manifestações pela redemocratização, influenciadas pela vitória das Forças Aliadas: a Força Expedicionária Brasileira (FEB)[7] e o movimento antifascista. Os comunistas fundaram inúmeros comitês democráticos com o objetivo de combater as ideias nazifascistas. Esses fatores contribuíram para o crescimento do PCB e, diante dessa situação favorável, seus dirigentes requereram ao Tribunal Superior Eleitoral o registro provisório do Partido em setembro de 1945. A legalização do PCB só foi conseguida através da luta pela democracia, da derrubada da ditadura Vargas e da luta pela anistia de 1945.[8]

O PCB volta à legalidade e passa a contar com cerca de 130 mil filiados em todo país. A redemocratização de 1945 proporcionou aos comunistas a atividade política legal, em igualdade de condições com as demais correntes de opinião.

Nesse clima favorável, o partido lança uma campanha presidencial com candidato próprio, Yedo Fiúza, que obteve 10% dos votos, além da campanha para a

---

[7] Formada e equipada pelo exército norte-americano que selou uma aliança em defesa do hemisfério ocidental com o governo dos Estados Unidos.

[8] Fragmento do diário de Maurício Grabois.

Assembleia Nacional Constituinte, onde se elegeram 14 deputados e um senador. Maurício Grabois foi eleito líder da bancada do PCB na Assembleia Nacional Constituinte, e também escolhido como membro da Comissão de Inquérito de Casos de Interesse Nacional. No início dos trabalhos de elaboração constitucional, durante a Primeira Sessão Preparatória de Instalação da Assembleia, foi o primeiro constituinte a usar da palavra para protestar, veementemente, em nome da bancada do PCB, contra o Decreto-Lei nº 8.708, que regulamentou a convocação da Constituinte. Os comunistas eram contrários ao regimento interno assim estabelecido.

Grabois encaminhou a votação do Regimento nº 25 da bancada, determinando a imediata revogação da Constituição de 1937[9] (II, pp. 371-376), o qual foi rejeitado. Manifestou-se contrário à vigência da Carta de 1937. Foi favorável à concessão de poderes de legislação ordinária à assembleia, e protestou contra o fato de deputados e senadores constituintes serem advogados de grandes empresas nacionais ou estrangeiras ligadas a trustes ou monopólios durante o exercício de seus mandatos (III, p. 173).[10] Como líder da bancada, ocupou a tribuna inúmeras vezes para posicionar-se sobre diversos assuntos debatidos no plenário, entre outros, apresentando moção

---

9   Anais da Câmara Federal.
10   Fragmento do diário de Maurício Grabois.

contra o fuzilamento de republicanos espanhóis pela ditadura franquista (III, pp. 188-193).[11] Foi considerado um dos mais brilhantes constituintes na defesa dos princípios ideológicos do proletariado, bem como um grande orador.

Em 1982, os familiares de mortos e desaparecidos tiveram um encontro na Associação Brasileira de Imprensa (ABI) com Leonel Brizola, eleito governador do Rio de Janeiro. Nessa ocasião, o ainda vice-governador Hamilton Xavier[12] abraçou emocionado Alzira e relatou:

> Senhora, Maurício foi o mais brilhante orador da história da Câmara dos Deputados. Também fui constituinte de 1946, e pude testemunhar o trabalho de seu marido.

Vale destacar que Maurício, por ser um homem de princípios, entregava ao partido 90% do seu provento como deputado constituinte; os 10% restantes eram para despesas pessoais. Antes da eleição, seus irmãos sempre contribuíram para o seu sustento. A partir da sua entrada para a Assembleia Nacional Constituinte, a contribuição foi retirada.

Como deputado, mostrou-se favorável à dissolução das Polícias Políticas, à concessão de estabilidade aos funcionários públicos ex-combatentes da FEB, à con-

---

[11] *Idem.*
[12] Vice do governador Antônio de Pádua Chagas Freitas do Movimento Democrático Brasileiro (MDB) e deputado constituinte de 1946.

vocação de novas eleições para a Câmara Federal, após o término dos trabalhos constituintes, e responsável por 17 emendas ao Projeto da Constituição e contrário à invocação da "proteção de Deus" no preâmbulo da mesma. Ainda apresentou várias emendas constitucionais que só foram aprovadas na Constituição de 1988, denominada por Ulysses Guimarães a "Constituição Cidadã".

Seguindo a trajetória do irmão, Jayme e Maria também se tornam membros do PCB. Nessa época, Jayme funda com outros colegas o Instituto de Psicologia da Universidade do Brasil,[13] sendo nomeado para a direção. Pouco depois, é afastado por ser irmão do "deputado vermelho". Bernardo, embora não militasse no Partido, era simpatizante e, a exemplo dos outros irmãos, recebia militantes em seu consultório sem nada cobrar.

A ascensão fulminante do PCB, pela justeza das suas propostas, passou a incomodar os setores mais conservadores da sociedade. Devido ao grande crescimento do PC e sua integração com a parcela mais democrática do país, iniciou-se o processo que levaria os comunistas à ilegalidade.

Ao mesmo tempo, o grande e rápido desenvolvimento econômico da União Soviética no pós-1945, associado à expansão do socialismo pela Europa, favoreceram o início da Guerra Fria. Esse fato também contribuiu

---

[13] Hoje Universidade Federal do Rio de Janeiro (UFRJ).

para o isolamento dos comunistas brasileiros, já que os reacionários, apavorados com a importância que a URSS passava a ter no cenário internacional, os acusavam de ser teleguiados de Moscou. Foi nesse clima de "caça às bruxas" que ocorreu a primeira manifestação pela cassação dos mandatos dos comunistas. O deputado do Partido Trabalhista Brasileiro (PTB), Barreto Pinto, solicitou ao Tribunal Superior Eleitoral a cassação do registro do PCB.

Concomitantemente, chegou ao Tribunal Superior Eleitoral (TSE) o pedido do advogado Himalaia Virgílio, acusando o PCB de ser uma organização internacional, cujos membros seriam capazes de lutar contra o Brasil, em caso de uma guerra contra a Rússia. Em 7 de maio de 1947, o TSE cassou o registro do partido.

No Rio de Janeiro, a polícia fechou quase 500 células[14] da organização; em São Paulo, 361 células, 22 núcleos distritais e 102 comitês; em Porto Alegre, outros 123. No Comitê Central, em um velho casarão da Rua da Glória,[15] onde funcionou uma loja de cadeiras de rodas, a polícia só chegaria cinco dias depois, encontrando apenas móveis e retratos de Prestes, Stalin e Roosevelt.

No dia 7 de janeiro de 1948, entretanto, depois de sete horas de debates no recinto da Câmara Federal e

---

[14] Organismos de base na estrutura dos partidos comunistas.
[15] O casarão pertencia ao arquiteto Oscar Niemeyer.

exatamente oito meses depois da cassação do registro do PCB, os mandatos dos comunistas eram também considerados ilegais por 169 votos dos deputados da base governista contra 74 que votaram contra a proposta. Na sinistra sessão em que ocorreu a cassação, Grabois, como líder da bancada do PCB, proferiu o discurso onde denuncia que:

> (...) As maiores figuras da cultura jurídica nacional já se manifestaram, mostrando a inconstitucionalidade do projeto – homens como o Ministro Eduardo Spinola, o Sr. João Mangabeira, o Desembargador Vieira Ferreira, o Professor Homero Pires, o Desembargador Bianco Filho, o Professor Luiz Carpenter, o Dr. Sobral Pinto, o Professor Jorge Americano e inúmeros constitucionalistas de reconhecido valor.

> Não há, na consciência de qualquer homem honesto, a convicção de que este projeto seja constitucional, Aqui mesmo, neste Parlamento, poucos são os representantes do povo, mesmo aqueles que opinam pela cassação de mandatos, que estejam convencidos da constitucionalidade do projeto. Votam por motivos políticos, por interesses pessoais e de classe (...).[16]

Durante o pronunciamento, Grabois destacou as adesões de diversas Assembleias Legislativas e Câmaras Municipais contra a cassação dos mandatos:

> (...) Assim, as Assembleias dos Estados de São Paulo, Rio Grande do Sul, Rio de Janeiro, Goiás, Pernambuco, Paraná, Bahia,

---

[16] Revista *Problemas* nº 7, fev. 1948.

Sergipe, Espírito Santo e Minas Gerais, dez Assembleias Legislativas dos mais importantes Estados da Federação são contra a cassação de mandatos.

São contrárias, igualmente, à cassação de mandatos inúmeras Câmaras Municipais, dentre as quais posso citar a do Distrito Federal, que tem se colocado, de maneira decisiva, na luta em defesa da população carioca. Além dela, votaram moções contra a cassação de mandatos, a Câmara Municipal de São João de Meriti, a de Jaboatão, a de Nova Iguaçu, o prefeito e vereadores de Marília, os vereadores santistas, ainda não empossados, a Câmara Municipal de Paulista, de Campos e de Macaé e vereadores de Friburgo. Também se manifestaram, no mesmo sentido, as Câmaras Municipais de Recife, Araguari, Goiânia e Nova Lima (...).[17]

No discurso, ele continua denunciando o cinismo daqueles que defendiam seus privilégios e procuravam mascarar suas posições antidemocráticas com argumentos sobre a constitucionalidade da cassação dos mandatos:

(...) É com essa compreensão, Sr. Presidente, que ocupo a tribuna, certo de que já não falo para um Parlamento soberano, capaz de defender a democracia, capaz de defender sua dignidade. Por isso, usando da palavra, dirijo-me, não a essa maioria que liquida com a democracia, mas ao povo brasileiro, porque, nesta hora em que o regime democrático está em completa derrocada, somente o povo – e somente ele organizado – é capaz de asse-

---

[17] *Idem* nota nº 14.

gurar a democracia. (...) Se sairmos desta Casa, será com a consciência tranquila, com a cabeça erguida, porque temos a certeza de haver cumprido o nosso dever, fiéis ao nosso eleitorado e ao povo brasileiro, defendendo, palmo a palmo, suas reivindicações e a Constituição da República. A nossa exclusão desta Casa, será um golpe de violência, anticonstitucional, por parte dos maiores inimigos da democracia. Quando a democracia ressurgir – não essa democracia de fachada, que serve a meia dúzia de politiqueiros e generais fascistas, que estão entregando o Brasil ao imperialismo norte-americano; quando surgir a verdadeira democracia, a democracia do povo, quando for respeitada sua vontade, podem estar certos os Srs. Representantes, que neste instante cessam nossos mandatos, de que voltaremos (...).[18]

Ao final da sessão, a bancada comunista ficou de pé nas poltronas, todos ergueram a mão de punhos cerrados e gritaram: *"Nós voltaremos; viva o proletariado"*. E entraram, mais uma vez, na clandestinidade.

Maurício Grabois contraiu mononucleose, uma doença muito grave. Um dia após a cassação dos mandatos, ele encontrava-se gravemente enfermo quando agentes do Departamento de Ordem Política e Social (Dops) chegaram à sua casa e o levaram à força para o presídio da Rua da Relação, no centro do Rio. Naquela noite, sua companheira mobilizou vários políticos e militares democratas do Rio de Janeiro, no sentido de pressionar

---

[18]   *Idem* nota nº 14.

as autoridades policiais para libertar um homem quase morto. No dia seguinte, Maurício estava solto e entrava mais uma vez para a clandestinidade.

Nos anos seguintes, em razão da proscrição e do acirramento da Guerra Fria, o PCB alterou a sua política. Define com mais clareza a posição anti-imperialista, da luta contra o latifúndio e pela libertação nacional; amplia a denúncia e o combate às ações e à política do imperialismo norte-americano. Os comunistas participam ativamente das grandes batalhas nacionalistas do período, entre elas a memorável campanha "O petróleo é nosso", que acaba por garantir o monopólio estatal, na lei assinada pelo presidente Getúlio Vargas. Devem-se registrar, também, as campanhas lideradas pelo PCB em defesa da paz e contra as intervenções dos Estados Unidos e de outras potências capitalistas em diversas partes do mundo.

Do ponto de vista da questão democrática, o PCB assinala as limitações do regime brasileiro, cujo exemplo maior fora a cassação do registro do Partido, e propugna por uma ampla democratização do país.

O Manifesto de Agosto de 1950 e, posteriormente, o IV Congresso do Partido, realizado em 1954, consolidam as novas posições pecebistas, e propõe a formação da Frente Democrática de Libertação Nacional (FDLN).

Maurício Grabois escreve um dos documentos fundamentais de explicitação dessa tática, "O programa da

Frente Democrática de Libertação Nacional, um poderoso instrumento de luta", que contribui para o debate interno e para o esclarecimento público da posição partidária.

Foto de Maurício na revista "Fatos e Fotos", em 1963.

André Grabois, foto do passaporte tirado pela polícia do Paquistão, em 1966.

A participação na grande luta interna

Orgulho-me do meu partido e por ele estou disposto a dar minha vida. Somente o PC do B pode conduzir nosso povo à vitória na luta pela liberdade, à emancipação nacional e ao socialismo.

Outra vez, Maurício e Alzira passam a viver clandestinamente em subúrbios do Rio de Janeiro, os filhos ficaram sob a responsabilidade de Adahil, irmã de Alzira, e mudam-se para a Rua Resedá, na Lagoa. O contato das crianças com os pais só acontecia durante o período das férias escolares, quando saíam da zona sul para os subúrbios: Jacarepaguá, Méier, São Cristóvão, Cachambi, entre outros.

Transcorria o ano de 1956, governo de Juscelino Kubistchek, início da distensão política, os comunistas começam "a colocar as cabeças para fora", entram em um período de semiclandestinidade.

O país vive um ciclo de crescimento econômico. O presidente JK lança o seu Plano de Metas ancorado no *slogan* que se tornou famoso, *50 anos em 5*. Os carros-chefe do período são a implantação da indústria automobilística, nucleando toda uma cadeia de produção, e a construção da nova capital, Brasília. A ideologia que empolga o mundo político, acadêmico e empresarial é o desenvolvimentismo, a crença de que o desenvolvimento econômico com tinturas nacionalistas poderia livrar o país das amarras do subdesenvolvimento.

Urdido nos laboratórios da Comissão Econômica para a América Latina (Cepal) e adaptado à nossa realidade em centros brasileiros de construção de pensamento econômico e social como o Instituto Superior de Estudos Brasileiros (Iseb), o desenvolvimentismo acabou por influenciar até mesmo as análises do país empreendidas por teóricos do PCB.

Em 1956, Maurício Grabois viaja para a União Soviética, chefiando a delegação brasileira ao XX Congresso do Partido Comunista da União Soviética (PCUS) e lá permanece até o final de 1957, estudando marxismo-leninismo, em Moscou. Alzira e as crianças vão morar na Rua dos Oitis, na Gávea, junto com duas militantes, Neusa Campos, diretora da revista *Momento Feminino*,[19] e Erondina, operária de São Paulo.

As resoluções do XX Congresso da União Soviética tiveram grandes implicações na luta e na vida dos partidos comunistas em todo o mundo. O relatório apresentado por Kruschev no congresso deu início à imensa polêmica

---

[19] Revista da Federação de Mulheres do Brasil.

sobre o período soviético anterior, hegemonizado pelas concepções do grupo dirigente liderado por Stalin.

Kruschev acusou Stalin de crimes hediondos contra militantes, dirigentes e líderes políticos; de exercer o comando do partido e do governo de modo autoritário e centralista, de fazer de sua liderança o chamado "culto à personalidade", além de acusações de fracasso nos níveis político e econômico. Os ataques da nova direção do PCUS acabaram por se transformar no marco inicial de uma nova conjuntura do movimento comunista. Ao longo das décadas seguintes, criaram-se divisões e cismas que enfraqueceram decisivamente os partidos e as próprias ideias de esquerda em toda a parte.

As repercussões na política do PCB, como não poderiam deixar de ser, foram profundas e conduziram o partido a dissensões irreversíveis.

O PCB iniciou, ainda que com um atraso de muitos meses, o debate sobre as resoluções do XX Congresso, que movimentou a vida partidária e acabou por delimitar, de modo mais claro, suas correntes de pensamento e as divisões do partido.

Em um primeiro momento desse debate, entre os anos de 1956 e 1957, a luta partidária envolveu dirigentes que, apoiando-se nas resoluções do XX Congresso do PCUS, iniciaram um processo de críticas ao Comitê Central que pode ser avaliado como críticas pela direita.

O segundo momento, no entanto, é o mais importante e tem início em meados de 1957, quando o núcleo dirigente principal, em meio à crise interna, consegue levar adiante o chamado processo de "desestalinização". Esse culmina com a formulação de uma nova análise da realidade brasileira e a subsequente definição de uma linha política para o país, consolidada na *Declaração sobre a Política do PCB*, de março de 1958.

No início de 1958, Maurício Grabois retorna da União Soviética e vai participar ativamente da luta interna. Critica duramente o revisionismo[20] do núcleo dirigente principal do PCB, adotado em consonância com a política da URSS, que ataca o stalinismo a as diretrizes políticas e partidárias até então praticadas pelos comunistas. Denuncia o abandono promovido pelo núcleo dirigente do programa do partido aprovado no Congresso

---

[20] A crítica do chamado *surto revisionista* feita por Maurício Grabois e outros dirigentes baseava-se na análise que faziam da URSS e do PCB que, após o XX Congresso, abandonara e rejeitara – um movimento, portanto, de *revisão* teórica e doutrinária – os princípios fundamentais do marxismo-leninismo. De acordo com o documento "Cinquenta anos de luta", escrito por Grabois e Amazonas, em 1972, por ocasião da comemoração dos 50 anos do PCdoB, os revisionistas " (...) sob a alegação de combate ao culto da personalidade de Stalin, se lançam contra a doutrina da classe operária. (...) Usando criminosamente o prestígio e a autoridade do Partido de Lenin e Stalin, abrem as comportas do oportunismo e da podridão contrarrevolucionária".

de 1954 e as concepções reformistas da Declaração de Março de 1958.[21]

Por conta de suas posições contrárias ao núcleo dirigente, Grabois é afastado do secretariado do PCB e, como membro do Comitê Central, é designado para dirigir o Partido no Rio Grande do Sul. Amazonas, que também divergia da posição predominante dos comunistas, é indicado para a direção regional do Estado do Rio de Janeiro. Os filhos na adolescência – André cursando o ginásio e Victória, o científico – foram o motivo pelo qual Maurício trocou de Estado com o companheiro Amazonas, optando por permanecer no Rio de Janeiro.

Em março de 1959, a família muda-se para Niterói, mais uma vez para um minúsculo apartamento, ao pé do morro do Cavalão. E, finalmente, André e Victória, respectivamente com 12 e 15 anos, constituíram um núcleo familiar com seus pais. Os filhos ingressam no Liceu Nilo Peçanha, Alzira vai trabalhar como secretária, no sindicato dos Rodoviários.

Em Niterói, a família Grabois estreita vínculos duradouros com o dirigente do PCB Lincoln Oest e sua companheira Erlita. Todos se reuniam na casa do casal para desfrutar inesquecíveis noites de seresta. Erlita Oest,

---

21   De acordo com Gorender, Grabois e Amazonas foram os dois únicos votos contrários à aprovação da Declaração na reunião do Comitê Central, em março de 1958.

que era uma excelente pianista, tocava e cantava valsas, sambas e marchinhas. Os jovens dançavam ao ritmo de suas músicas, e os mais velhos também dançavam e cantavam. Natal e Ano Novo eram festejados na casa do grande revolucionário. Lincoln Oest era um homem generoso, muito solidário e grande amigo. As portas de sua casa, na Rua Mem de Sá, Icaraí, estavam sempre abertas para os companheiros: era uma espécie de consulado do Partido em Niterói.

A partir do V Congresso do PCB, realizado na Associação Brasileira de Imprensa (ABI), onde as discussões foram públicas, contando também com a participação da imprensa, as divergências partidárias se cristalizaram. Manifestaram-se duas tendências predominantes durante as discussões. O Comitê Central dividiu-se. Em torno do núcleo dirigente principal, alinharam-se os que defendiam a posição considerada reformista, enunciada a partir da *Declaração de Março de 1958*. O outro núcleo, do qual Maurício Grabois fazia parte, criticava tais ideias e defendia a posição considerada revolucionária.

No documento, de nítida inspiração leninista, que escreveu para intervenção nos debates do V Congresso, "Duas concepções, duas orientações políticas",[22] Maurí-

---

[22] Maurício Grabois passou uma temporada na URSS, onde teve a oportunidade de se aprofundar em estudos marxistas. Tudo leva a crer na veracidade da inspiração, legítima e pertinente para um dirigente de sua envergadura.

cio Grabois esmiúça a Declaração de Março de 1958 e analisa-a ponto por ponto.

Em sua análise, na qual confronta as ideias da Declaração, estão presentes, ainda que em linhas gerais, os grandes temas teóricos que mobilizavam os debates entre comunistas, socialistas e intelectuais. Muitos desses temas ainda permanecem atuais e fontes de muita discussão: reforma *versus* revolução; a definição do caráter da revolução brasileira; via pacífica ou armada e, acima de tudo, a questão da hegemonia da classe operária no movimento revolucionário.

Inicialmente, Grabois mostra como a Declaração procura embelezar o capitalismo brasileiro e conferir à burguesia nacional um papel que ela não poderia ter na revolução. Ele critica a subordinação das tarefas democráticas à contradição anti-imperialista e aponta como não é devidamente considerada como principal a aliança entre operários e camponeses.

O dirigente comunista assinala os equívocos da descrição feita pela Declaração sobre a posição de cada uma das classes sociais na Revolução Brasileira. Na linha proposta por Lenin em "Duas táticas da social-democracia

---

Conferir em Lenin, *Duas táticas da social-democracia na revolução democrática*, em que o líder da Revolução Soviética trava a luta política contra as posições mencheviques. Lenin defende que, mesmo na revolução democrática, de inequívoco caráter burguês, compete ao proletariado – a única classe consequente até o fim –, e não à burguesia, a tarefa de dirigir a revolução.

na revolução democrática", critica a maneira como o texto oficial do PCB enaltece a função da burguesia e subestima o papel dirigente que o proletariado deve assumir. Ele classifica de oportunista a idealização da sociedade brasileira e as concessões programáticas e doutrinárias contidas no documento, e contesta a existência de um processo de democratização do Brasil como uma tendência permanente na vida política nacional.

Grabois sustenta que o caminho da "via pacífica" é apresentado na Declaração de um modo que o torna absoluto do ponto de vista tático e, mais do que isso, acaba por desarmar o proletariado e o seu partido para qualquer outra eventualidade.

O oportunismo do PCB se manifestaria, também, na forma escolhida para se alcançar a legalidade do partido, que culminaria, em 1961, na mudança dos estatutos do partido com o fim da afirmação da orientação marxista-leninista e a alteração de nome para Partido Comunista Brasileiro.

No documento "Cinquenta anos de luta", Maurício Grabois e João Amazonas descrevem os debates verificados no V Congresso como a mais importante luta ideológica travada no movimento comunista brasileiro:

> Os choques de opinião verificados durante o V Congresso representam a luta ideológica mais importante já travada no movimento comunista brasileiro. Acentuam a delimitação dos

campos entre revolucionários e oportunistas, contribuem para esclarecer muitas questões do movimento comunista, servem para aprofundar o conhecimento da realidade nacional e ajudam a compreender o fato de estar em jogo a própria existência do partido.[23]

Após o V Congresso, a permanência de Maurício Grabois, Carlos Danielle, Lincoln Oest, João Amazonas e outros, no interior do PCB, torna-se insustentável, culminando com a expulsão dos mesmos. O núcleo dirigente do comitê central acaba por expulsá-los.

Alzira nada deixava passar, era intransigente com as propostas reformistas e com aqueles que as defendiam. Por isso, ela e Consuelo Callado, membros do Comitê Regional do Estado do Rio, foram os primeiros comunistas expulsos do PCB. Passa a trabalhar como advogada dos sindicatos da Construção Civil de Itaboraí e Rio Bonito. Maurício, em fevereiro de 1962, junto aos companheiros expulsos do PCB, reorganiza o Partido Comunista do Brasil, na Conferência Nacional Extraordinária.

Em 1961, Jânio Quadros, candidato da União Democrática Nacional (UDN), é eleito presidente do Brasil e, para vice-presidente, assume João Goulart, do Partido Trabalhista Brasileiro (PTB). Decorridos oito meses,

---

[23] GRABOIS, Maurício; AMAZONAS, João. "Cinquenta anos de luta", 1975.

Jânio Quadros renuncia, e os ministros militares, respaldados nas forças mais retrógradas do país, anunciam que o vice-presidente não seria empossado, acusando-o de envolvimento com o sindicalismo de esquerda e com os comunistas.

No momento da tentativa de golpe, Jango encontrava-se na China, representando o governo brasileiro no que tangia a estabelecer relações políticas e comerciais com aquele país.

No Rio Grande do Sul, em função dessa decisão, há uma mobilização popular, liderada pelo então governador Leonel Brizola, em resposta ao veto dos militares à posse do João Goulart. Ele convoca os gaúchos e todos os brasileiros a defenderem a Constituição. A Brigada Militar distribui armas ao povo e, através da "Cadeia da Legalidade", formada por dezenas de emissoras de rádio, convoca o país a resistir ao golpe militar. O III Exército, sediado no Sul e comandado pelo general Machado Lopes, organiza uma marcha em direção a São Paulo, depois interrompida, porque se iniciou uma negociação para empossar Jango. A condição imposta pelos ministros militares foi a instituição do parlamentarismo, com o intuito de diminuir o poder político do presidente. A tentativa de golpe, portanto, foi contida.

Entre 1961 e 1964, da posse de Jango ao golpe que o derrubou, o povo brasileiro se mobiliza em torno das reformas de base: educação, saúde e reforma agrária, entre outras, propostas pelo presidente. Ele era um homem mais comprometido com o povo do que com as oligarquias que dominavam o país.

Nesse período, foi criado o Centro Popular de Cultura da União Nacional dos Estudantes (UNE) e o Programa Nacional de Alfabetização (PNA), inspirados no método Paulo Freire e nas Ligas Camponesas. O Partido Comunista Brasileiro vivia um período de semiclandestinidade e agregava as forças de esquerda comprometidas com as propostas de caráter nacionalista. A direita temia esse movimento e iniciou uma ofensiva contra as reformas que estavam em curso. Tavares (1999, p. 97) cita uma frase do deputado do PSD de Minas Gerais, Último de Carvalho: "A reforma agrária é a antessala da abolição da propriedade privada". Segundo a análise de Tavares, "aos olhos da direita, a reforma agrária era o projeto-piloto para a instituição do Comunismo no país".[24]

Neste clima de grande turbulência política e das posições revisionistas do PCB, Maurício manteve-se coerente na defesa dos princípios marxista-leninistas. Na luta contra Prestes e seus seguidores obteve lugar de destaque, até ser expulso.

---

[24] TAVARES, Flavio. *Rebeldes e contestadores*, 1998, p. 98.

Começar de novo

Entre 1961 e 1962, Maurício trabalhou intensamente tanto no campo político como no ideológico, na reconstrução do Partido ao lado de João Amazonas, Lincoln Oest, Pedro Pomar, Carlos Danielli, Kalil Chade e cerca de cem outros companheiros. A reorganização do Partido Comunista do Brasil (PCdoB) se efetivou em 18 de fevereiro de 1962, durante a Conferência Nacional Extraordinária em São Paulo.

A reorganização do PCdoB foi, na época, uma das iniciativas políticas mais significativas dos comunistas brasileiros e um dos desdobramentos do processo de intensa luta política e ideológica travada pela esquerda no Brasil e no mundo, iniciada após o XX Congresso do PCUS.

Na Conferência Extraordinária, o PCdoB lança o seu Manifesto-Programa, documento de fundação do partido. Maurício Grabois foi um de seus autores.

Para o Manifesto-Programa, o Brasil vivia uma crise provocada pelo regime reacionário, antinacional e antipopular que explorava o país. Esse regime, no entanto, não se identificaria apenas com o governo atual, mas com o conjunto do sistema de dominação existente no Brasil:

"O Estado brasileiro e suas instituições constituem uma anacrônica máquina destinada a proteger a estrutura vigente e esmagar os anseios e as lutas do povo por suas liberdades e por seus direitos".[25]

A saída para a crise seria a derrocada desse regime e a formação de um Governo Popular Revolucionário que congregasse todas as forças políticas e sociais populares, democráticas e anti-imperialistas. Em parte, o documento retomava as resoluções do Congresso de 1954 e mesmo algumas das concepções aliancistas de 1935, em especial a ideia do governo popular revolucionário.

O documento afirmava também que a experiência brasileira demonstrava que a classe dominante sempre recorrera à força para reprimir o povo nos momentos de ascensão do movimento de massas. Desse modo, só através da luta revolucionária, com a utilização de todas as formas possíveis de ação, inclusive a luta armada, seria possível se alcançar o poder popular.

Grabois (re)funda o jornal a *Classe Operária*, tornando-se diretor-responsável, e aluga uma sala, na Rua Senador Dantas nº 117, onde o periódico passa a funcionar. Esse local torna-se um centro partidário. Vários jovens e

---

[25] PARTIDO COMUNISTA DO BRASIL. Manifesto-Programa, 2006, p. 39.

comunistas históricos passaram a frequentar a pequena sala da *Classe Operária*. Diversos cursos de marxismo e de história do movimento operário mundial, reuniões partidárias e sobre a conjuntura nacional e internacional foram ministrados por Grabois, Amazonas, Pomar e outros companheiros na sede do jornal.

Em 27 de julho de 1963, o PCdoB publica uma carta aberta endereçada a Kruschev denunciando a linha revisionista do PC soviético aprovada no XX Congresso. Tal atitude norteou os princípios do partido e demonstrou a coerência política dos velhos militantes comunistas.

A classe dominante organizou passeatas no Rio de Janeiro e São Paulo, no sentido de imobilizar os setores progressistas da sociedade – "Marcha da Família com Deus pela Liberdade" –, as quais reúnem nas duas cidades um número considerável de pessoas pertencentes aos estratos endinheirados e às camadas médias urbanas. Essa situação conduz a uma imobilização dos setores populares. Os militares, apoiados por alguns governadores e empresários, finalmente, deflagraram um golpe de Estado depondo o presidente João Goulart, no dia 1º de abril de 1964.

No intuito de se consolidar no poder, os militares promulgam o Ato Institucional Número Um, ou AI-1, ou somente Ato Institucional, tendo seu nome original sem numeração por supor-se que se trataria do único. O

AI-1 foi baixado em 9 de abril de 1964 pela junta militar composta pelo general do exército Artur da Costa e Silva, o tenente-brigadeiro Francisco de Assis Correia de Melo e o vice-almirante Augusto Hamann Rademaker Grünewald. Entre as inúmeras medidas arbitrárias pode-se destacar:

> a) artigo 2º - a eleição do Presidente e do Vice-Presidente da República, cujos mandatos terminarão em 31 (trinta e um) de janeiro de 1966, será realizada pela maioria absoluta dos membros do Congresso Nacional, dentro de 2 (dois) dias, a contar deste Ato, em sessão pública e votação nominal; artigo 6º - O Presidente da República, em qualquer dos casos previstos na Constituição, poderá decretar o estado de sítio, ou prorrogá-lo, pelo prazo máximo de 30 (trinta) dias; o seu ato será submetido ao Congresso Nacional, acompanhado de justificação, dentro de 48 (quarenta e oito) horas;
>
> artigo 7º - ficam suspensas, por 6 (seis) meses, as garantias constitucionais ou legais de vitaliciedade e estabilidade.

Através do Ato Institucional nº 1, inicia-se um período de atrocidades contra o povo e a nação brasileira.

Seguindo a estratégia delineada pelos militares, foi necessária a edição de mais um ato institucional o AI-2, em 27 de outubro de 1965. Ele foi baixado em consequência dos resultados das eleições de 1965, nas quais o Partido Trabalhista Brasileiro (PTB) e o Partido Social Democrático (PSD) elegeram os governadores do Rio de Janeiro, Negrão de Lima, e Minas Gerais, Israel Pinheiro. Num primeiro momento, a ditadura manteve os partidos políticos – somente com a edição desse segundo ato criou duas agremiações: uma de total adesão ao regime, a Arena (Aliança Renovadora Nacional); a outra, à qual alguns setores nacionalistas se filiaram, o MDB (Movimento Democrático Nacional). Uma verdadeira pantomima para legitimar o regime.

Uma nova ordem política e social é implantada a partir do Ato Institucional nº 2: os partidos políticos são fechados; os sindicatos, desmantelados; a censura se impôs aos órgãos de imprensa; centenas de brasileiros têm seus direitos políticos cassados, inclusive Grabois. A ditadura brasileira foi a única no mundo a manter abertos o Congresso Nacional e as Assembleias Legislativas, ambos sem suas funções precípuas; os governadores e os prefeitos eram nomeados para as capitais e havia eleições para senadores, deputados e vereadores.

Em 10 de abril, saiu publicada, no jornal *O Estado de S. Paulo*, a notícia da expulsão de 19 estudantes da Faculdade Nacional de Filosofia, entre os quais Victória Grabois estava incluída.

A resistência à ditadura

A ditadura militar, implantada por meio do golpe militar de abril de 1964, prendeu, torturou e cassou os direitos políticos de milhares de pessoas, fossem sindicalistas, camponeses, operários, intelectuais ou simplesmente estudantes. Apesar da censura, das cassações, das prisões e das torturas, há uma quantitativa e qualitativa produção cultural crítica da ditadura.

Contudo, essa produção cultural alcançava mais os setores médios da sociedade do que o operariado e os segmentos populares. Nesse período, são criados dois grupos de teatro: Arena, dirigido por Augusto Boal, o qual seguia um caráter didático e político; e Oficina, dirigido por José Celso Martinez Corrêa, que contestava o golpe de 1964 de uma forma radical. Além dessas manifestações, a música também se fazia presente através das composições de Chico Buarque de Holanda, Geraldo Vandré, Gilberto Gil e, culminando com esse sentimento de protesto e indignação, Caetano Veloso apresenta a sua canção "É proibido proibir". Todas essas contestações repercutiram para que o governo sistematizasse sua ideologia através da Lei de Segurança Nacional[26].

No ano de 1964, alguns setores nacionalistas e da esquerda sofreram duras perseguições, e, devido a isto, alguns quadros passaram a agir na clandestinidade ou foram presos. Muitos foram presos, torturados e assassinados.

Grabois e Amazonas, em 1° de abril de 1964, fugiram para um sítio em São Gonçalo (RJ). Mas o lugar não era seguro, e dois dias depois um helicóptero sobrevoou a área e os dois saíram o mais rápido possível. O primeiro vestia calça de brim e camiseta e calçava tamancos (naquela época era muito comum o uso de tamancos de madeira). O segundo, como era bastante organizado, estava de terno e sapatos de borracha. Nesses trajes exóticos chegaram à casa de Adahil, onde Alzira e André já se encontravam.

A perseguição às lideranças nacionalistas e aos comunistas foi implacável, os militares os procuravam nos locais de trabalho ou em suas casas. Alzira prestou o seguinte depoimento a respeito desse episódio:

O Maurício foi um dos primeiros cassados, foi um dos primeiros a ser procurado. Eles invadiram primeiro a sede do jornal, procuraram os livros do "Che", que tinha o prefácio do Maurício, invadiram a loja da editora. Também invadiram nossa casa, le-

---

[26] FERREIRA, Elizabeth. *Mulheres, militância e memória*, 1996, p. 25.

varam de casa todos os livros, carregaram tudo, até lençol rasgado, pegaram tudo. O que eles não podiam carregar, quebraram (Alzira Grabois, 1999).

Os dois amigos alugaram um apartamento no Fonseca, em Niterói, permanecendo pouco tempo, pois as condições eram precárias e o Exército apertava o cerco. Grabois fugiu do Rio de Janeiro para São Paulo com a ajuda de um sobrinho. No mês de julho, finalmente, a família se estabelece nessa cidade, indo morar no bairro do Ipiranga, novamente reunida; e a ela se junta João Amazonas. Em dezembro de 1964, Victoria se casa com Gilberto Olímpio Maria, também militante do PCdoB e jornalista do *Classe Operária*.

Nessa época, o PCdoB estava organizando grupos de militantes, em Mato Grosso e Goiás, para mapear a área e iniciar um trabalho de conscientização dos camponeses. Forma-se um grupo composto por Gilberto e Paulo Mendes, que trabalhariam como caixeiros viajantes, Osvaldo Orlando da Costa (Osvaldão) como garimpeiro e Victória como professora. Os quatro foram designados para atuar em Guiratinga, oeste de Mato Grosso. No final de 1965, o grupo é desfeito. Victoria e Gilberto retornam à São Paulo e os outros são designados para outras atividades partidárias. Em 9 de junho de 1966, nasce Igor, filho de Victoria e Gilberto, primeiro neto de Maurício Grabois, que ficou absolutamente encantado com o bebê. Ele escrevia os textos partidários com João Amazonas, embalando o neto nos braços ou empurrando o carrinho.

No meio dessa preparação, em 13 de dezembro de 1968, uma sexta-feira fatídica, os militares decretam o famigerado Ato Institucional nº 5. Maurício Grabois na ocasião proferiu a seguinte frase: "A ditadura decreta o golpe dentro do golpe". A violência do Estado, muitas vezes dissimulada e disfarçada, ganha visibilidade a partir das ações armadas realizadas após 1968.

O AI-5 é "um rearranjo do poder, em particular das classes e das categorias no poder" (Cardoso, 1998). Nesse momento, aparece uma nova burguesia financeira e industrial com a entrada, em grande escala, das multinacionais. Os representantes políticos são substituídos pelos militares, já que não havia eleições para o Executivo e o processo democrático estava comprometido.

O regime endurecia não só para reprimir as manifestações populares, como também alguns segmentos contrários à ditadura no interior das próprias Forças Armadas, os quais, de certa forma, também contestavam o sistema. Em resposta a esse endurecimento, evidenciado no fechamento dos canais democráticos de expressão e manifestação, no ferrolho da censura e na repressão geral, as organizações revolucionárias e de oposição se deciram pelo enfrentamento armado à ditadura, como cita Irene Cardoso (1990, 101):

As primeiras manifestações das lutas armadas conduzidas pelas organizações e partidos clandestinos, cuja referência está ligada ao surgimento da Nova Esquerda a partir de 1961, em oposição ao PCB, que tomam a forma de resistência à ditadura militar, sentido este que não pode, no entanto, elidir um outro, colocado pela ideia de revolução e, portanto, de transformação do capitalismo, na direção de uma sociedade socialista, por via de um processo revolucionário.

Entre 1969 e 1972, são criados outros aparelhos repressivos, como o Centro de Informação do Exército (CIE), o Centro de Informação da Marinha (Cenimar) e o Centro de Inteligência da Aeronáutica (Cisa).[27] E, para manter e ampliar ainda mais os meios de controle, repressão, investigação e tortura, foi criada a Operação Bandeirante (Oban), financiada por banqueiros, empresas brasileiras e multinacionais, como a Ultragás, Ford, Volkswagen, Supergel entre outras. De acordo com Elio Gaspari, o empresariado paulista saiu em socorro das estruturas repressivas em dificuldade financeira:

A reestruturação da PE paulista e a Operação Bandeirantes foram socorridas por uma "caixinha" a que compareceu o empresariado paulista. A banca achegou-se no segundo semestre de 1969, reunida por Delfim num almoço no palacete do Clube São Paulo, velha casa de dona Veridiana Prado.[28]

---

27   Dossiê dos Mortos e Desaparecidos Políticos, 1996, p. 26.
28   GASPARI, Elio. *A ditadura escancarada*. São Paulo: Companhia das Letras, 2002, p. 62.

A Oban contava com integrantes do Exército, Marinha, Aeronáutica, Polícia Federal e Polícias Estaduais. O mais terrível órgão oficial implantado em escala nacional foi o Destacamento de Operações e Informações - Centro de Defesa Interna (Doi-Codi).

Para o Partido Comunista do Brasil (PCdoB) a luta armada era o único instrumento para enfrentar o regime militar, segundo Irene Cardoso (1998):

> (...) solução extrema, quando as contradições chegam a um grau tão agudo que não há outra possibilidade de solução, a luta armada se apresentava para todos aqueles que desejavam o fim da ditadura militar como o único caminho viável.

Além do PCdoB, várias outras organizações de esquerda também seguiram o caminho da luta armada.

O comandante da guerrilha

Agora estou nas matas do Araguaia, ao lado de bravos e jovens lutadores, enfrentando forças militares da ditadura. De todas as tarefas que tive a meu cargo, esta missão é a que mais gosto, apesar de ter a saúde abalada pelo peso dos anos e por longa e febril atividade revolucionária.[29]

No documento "União dos Brasileiros para livrar o país da crise, da ditadura e da ameaça neocolonialista",[30] de junho do mesmo ano, o PCdoB defende que a luta revolucionária no Brasil assumiria a forma de guerra popular. A nova tática é reflexo da influência crescente das ideias maoístas entre os comunistas e decorrente do prestígio que a Revolução Chinesa alcançava no mundo inteiro. Segundo o documento, a guerra popular seria "o caminho para a emancipação dos povos oprimidos nas novas condições do mundo".

---

[29] Fragmento do diário de Maurício Grabois enviado por um informante desconhecido do Exército.

[30] Documento preparado pelo Comitê Central do PCdoB, com a participação de Maurício Grabois, por ocasião da VI Conferência Nacional realizada pelo partido, em 1966.

Maurício Grabois, que visitara a China em 1963, contribui para estabelecer os vínculos políticos que aproximariam o Partido Comunista do Brasil e o Partido Comunista Chinês (PCCh) durante alguns anos.

Para o historiador Jacob Gorender, a partir de um artigo escrito por Grabois, em 1963, no qual chama o PCCh de "destacamento de vanguarda e força dirigente da revolução mundial", o maoismo ganha difusão institucionalizada no Brasil e passa a atuar como força aglutinadora contra o PCB.[31]

Em 1966, o Partido Comunista do Brasil iniciou o movimento armado na região do Araguaia com o objetivo de desencadear a guerra popular para derrotar o governo militar. No período de 1966 a 1967, após definir a região onde seria iniciada a luta guerrilheira, o PCdoB envia para a região dos rios Araguaia-Tocantins os primeiros quadros que iniciariam o trabalho com a população camponesa. A direção partidária escolheu essa região porque oferecia condições adequadas: era uma zona de mata, de difícil acesso, aonde o armamento pesado do Exército não chegaria; os moradores viviam em extrema pobreza, sobrevivendo da caça, da coleta da castanha-do-pará e do babaçu. O partido, no início dos preparativos da guerrilha, contava com mais duas outras frentes, em Goiás e no Maranhão.

---

[31] GORENDER, Jacob. *Combate nas trevas*, 2003, p. 38.

Nessa região realizaram um trabalho de mobilização com a população rural e com ela criaram vínculos. Os militantes do PCdoB se instalaram na região do Araguaia, compreendendo uma área de 6.500 km², entre as cidades de São Domingos e São Geraldo, do lado esquerdo do rio Araguaia.[32]

Ainda no ano de 1966, durante o governo de Castelo Branco, o primeiro líder guerrilheiro, Osvaldão, se instalou em um castanhal conhecido como Gameleira, na região do Araguaia.

No início de 1972, cerca de 70 pessoas formavam o contingente guerrilheiro. Grande parte desses homens e mulheres era oriunda do movimento estudantil, no qual haviam participado de importantes manifestações contra a ditadura militar entre 1967 e 1969. Dos guerrilheiros, 70% eram da classe média: estudantes, médicos, professores, advogados, geólogos etc.; 20% eram camponeses recrutados na região; somente os 10% restantes eram operários.

Os combatentes foram organizados em três destacamentos dentro da selva, liderados por: André Grabois, comandante do destacamento A, na localidade de Faveira; Osvaldão, o líder do destacamento B, morava na "posse" que se tornou sede do comando com o mesmo nome, Gameleira; e Paulo Rodrigues, à frente do desta-

---

[32] Entre os Estados do Pará, Goiás e Maranhão.

camento C, em outro castanhal, Caiano. Cada comando possuía 21 homens, divididos em grupos de sete, e no centro desse triângulo, formado pelos três destacamentos, se encontrava a Comissão Militar constituída por Maurício Grabois, Ângelo Arroyo, Gilberto Olimpio e João Carlos Haas Sobrinho, além de outros militantes responsáveis pela segurança. Essa Comissão Militar não saía da selva, pois lá era o coração da guerrilha.

Os preparativos para a organização da guerrilha numa área rural correspondiam à estratégia de guerra popular prolongada, inspirada na Revolução Chinesa e nos manuais de Mao Tse-tung. Cerca de 40 militantes do PCdoB tiveram treinamento militar na China, inclusive André Grabois.

André foi uma criança que gostava de desenhar caricaturas, nadava muito bem e gostava de jogar futebol. Torcia pelo Fluminense, mas não era um torcedor fanático. Era um autêntico carioca da zona sul.

Graças ao convívio com destacados militantes do movimento comunista no Brasil, interessou-se pelas questões políticas desde muito cedo. Devido às perseguições sofridas por seu pai, principalmente após 1964, André foi obrigado a abandonar os estudos e, com apenas 17, anos passou a viver na clandestinidade.

Foi escalado para fazer um curso de guerrilha em Pequim, com apenas 18 anos. Em seguida, deslocou-se para o Maranhão, indo morar em Porto Franco, posteriormente na localidade de Caiano, próxima ao rio Araguaia, e depois na região de Marabá, sul do Pará.

Logo no início foi designado para comandar o Destacamento A. Com seu jeito brincalhão, rapidamente conquistou a simpatia dos moradores da região e o coração de Criméia Alice Schmidt de Almeida, que se tornou sua esposa.

O carisma de André e de seus companheiros ajudou na aproximação com o povo, criando assim um vínculo de amizade entre os guerrilheiros e a população, fazendo com que os militantes participassem de seu cotidiano.

Segundo o Relatório Arroyo, em 12 de abril de 1972 iniciou-se a luta guerrilheira no Araguaia. Cerca de 20 soldados atacaram o "peazão", principal PA[33] (Ponto de Apoio) do destacamento A, entrando por São Domingues. No dia 14 de abril, uns 15 soldados atacaram o PA do Pau Preto (do destacamento C), entrando por São Geraldo. Nos primeiros dias de abril, alguns policiais já haviam feito incursões pela área do destacamento A e C à procura de informações sobre "os paulistas" (como a população designava os guerrilheiros). O Exército soube da presença do PCdoB no sul do Pará, por meio de denúncias de guerrilheiros que haviam fugido da área da

---

[33] Pontos de Apoio da Guerrilha do Araguaia, locais estratégicos onde os combatentes se instalavam.

guerrilha (Relatório Arroyo, p. 17, *Revista da Guerrilha do Araguaia*). Acerca desse primeiro enfrentamento, Grabois fez uma análise da situação na carta enviada ao Comitê Central:[34]

> Sobre a situação dos destacamentos. Só podemos informar sobre o A e o B, pois não conseguimos contato com o C. De um modo geral, os combatentes adquiriram mais experiência militar, mais conhecimento da mata e ampliaram as suas ligações com as massas. Nestes aspectos, o A tem boas experiências. A maior parte de seus combatentes anda bem na selva e só não realizou maiores ações contra o inimigo por falta de oportunidade e também por falta de sorte (...). O B também desenvolveu atividade militar, causando duas mortes ao inimigo. A maior parte de seus combatentes orienta-se bem na mata. Seu trabalho de massa, no entanto, tem sido mais restrito por ser menor seu campo de ação (são poucos os moradores em sua área) e por falta de espírito ofensivo.

O primeiro enfrentamento teve lugar no dia 8 de maio. Um tempo depois, um grupo de guerrilheiros foi surpreendido por tiros de metralhadoras, caindo ferido Bérgson Gurjão Farias – Jorge. No dia 7 de julho de 2009, identificaram a ossada – que estava guardada em um armário da Secretaria Especial de Direitos Humanos – denominada X2 – como sendo de Bérgson. A identificação da ossada foi possível a partir de uma técnica mais

---

[34] Carta ao Comitê Central, em 1972, entregue a Alzira Grabois.

apurada de exame feito pelo Laboratório Genomic em amostras de ossos que estavam guardadas na secretaria desde 1996. Os ossos foram descobertos em 1991, na segunda caravana realizada pelos familiares e organizada pela Arquidiocese de São Paulo para localizar corpos dos guerrilheiros do Araguaia.

Os restos mortais de Bérgson foram encontrados no cemitério de Xambioá, junto com os de Maria Lúcia Petit da Silva[35] e José Francisco Chaves.[36]

A primeira ofensiva do Exército se verificou ainda quando não se tinha terminado a preparação dos três destacamentos para a luta. Embora os guerrilheiros já conhecessem, em parte, a região, as deficiências ainda eram muito grandes: vários ainda tinham dificuldade em se orientar na mata e caçavam mal. Não existia uma rede de informação e de comunicação e nem organizações do PCdoB nas áreas periféricas e nos Estados vizinhos. A comissão militar e os destacamentos A e B dispunham de pouco dinheiro.

Em setembro de 1972 a ação repressiva foi retomada. Entre 2 mil e 5 mil soldados foram mobilizados para essa operação de grande envergadura, conhecida com o nome

---

[35] Enterrada no cemitério de Xambioá, a sua ossada foi encontrada em 1991 e identificada em 1996.

[36] O governo, no entanto, não encontrou familiares deste, o que impede a coleta de amostras de sangue de parentes.

de Operação Papagaio. Como atesta Grabois na carta enviada ao Comitê Central:[37]

> Sobre a última campanha do inimigo. A ditadura, em suas tentativas de esmagar o movimento guerrilheiro, sob o pretexto de realizar manobras, mobilizou milhares de homens que se espalharam por toda a região e na sua periferia. Dizem que colocou tropas até em Altamira, no Xingu. Na Transamazônica, acamparam 1500 soldados e nas 8 barracas acompanharam 600 homens. Todas as áreas de nossos antigos PP.AA. foram ocupadas por inúmeros pelotões. Houve lugares na mata em que se instalaram efetivos superiores aos de uma companhia. O Castanhal do Ferreira foi ocupado por mais de 100 homens. As tropas do governo andaram pelas estradas e caminhos, por "piques" e picadas que abriram na mata.

O Exército montou acampamentos em Xambioá, São Geraldo, Araguaina e Araguatins, sendo o primeiro dele o centro das operações. Foram enviados para a zona de combate dois batalhões de infantaria da selva, uma companhia aerotransportadora, um comando reforçado de paraquedistas, uma companhia de fuzileiros navais, um comando da Força Aérea Brasileira (FAB). Em apenas dez dias essa campanha, realizada entre 20 e 30 de setembro, assassinara oito guerrilheiros.[38]

---

[37] TAVARES, Flavio. *Rebeldes e contestadores*, 1998, p. 98.
[38] TAVARES, Flavio. *Rebeldes e contestadores*, 1998, p. 98.

O Exército iniciou uma operação intermediária entre a segunda e a terceira campanha, denominada Operação Sucuri, em que as Forças Armadas optaram por realizar uma ampla e profunda operação de inteligência. Inicia-se um período de quase um ano sem ataques, o que se deu devido a uma mudança na estratégia das Forças Armadas para combater a guerrilha. A operação contava com 53 agentes para um trabalho de inteligência que consistia em realizar um mapa detalhado do teatro das operações, investigar com quem os combatentes da guerrilha mantinham contato e descobrir onde se localizavam suas bases militares. Ao finalizar a operação, o Centro de Inteligência do Exército (CIE) tinha um mapa detalhado da população local, uma ficha com aproximadamente 400 habitantes dos arredores, sua possível relação com a guerrilha e a identificação de boa parte dos integrantes da organização.[39]

Em outubro de 1973, teve início a terceira e última expedição contra a guerrilha. Nessa nova campanha foram mobilizados, além dos que já se encontravam na zona, cerca de 750 militares especificamente treinados para o combate direto aos guerrilheiros, e que recebiam apoio de helicópteros e aviões. O governo militar assumiu diretamente o controle das operações e baixou a ordem de não prender nenhum guerrilheiro. Estima-se

---

[39] TAVARES, Flavio. *Rebeldes e contestadores*, 1998, p. 98.

que até outubro de 1973 havia na região cerca de 60 guerrilheiros, concentrados em um só destacamento. Com as informações levantadas pelos agentes infiltrados, os acampamentos da guerrilha foram identificados e passaram a ser atacados por pelotões especialmente treinados. Além disso, os habitantes da região também foram intimados, presos, torturados e humilhados. Cerca de 300 pessoas foram privadas de sua liberdade e a maioria foi barbaramente torturada.

Em 14 de outubro de 1973, os militares realizaram uma importante mobilização, preparando uma emboscada na fazenda Caçador. Ali foram mortos André Grabois e mais três guerrilheiros. Mauricio Grabois relata em seu diário esse triste episódio em que seu filho foi assassinado:[40]

> Perdeu seu comandante, homem capaz e um dos mais puros revolucionários. Estava ligado ao P desde os 16 anos e podia dar muito à revolução. Era excelente comandante. O primeiro erro que, no entanto, cometeu, lhe foi fatal. Tinha 27 anos e seu verdadeiro nome era André Grabois.[41]

O enfrentamento mais importante se produziu na manhã de Natal de 1973, quando os militantes do

---

[40] Tal episódio consta do Relatório Arroyo, publicado, *Revista da Guerrilha do Araguaia*, 1982, André Grabois é desaparecido político oficial.
[41] Fragmento do diário de Maurício Grabois, enviado por um informante desconhecido do Exército.

PCdoB foram surpreendidos no seu acampamento da Gameleira, resultando na morte de um número incerto de militantes, incluindo o comandante chefe da guerrilha Maurício Grabois e mais outros três guerrilheiros: Paulo Mendes Rodrigues, Guilherme Gomes Lund e Gilberto Olimpio Maria. Contabiliza-se um total de 47 desaparecidos nessa terceira e última fase de combate. Os últimos sobreviventes, sem comida nem munições, sem medicamentos, foram abatidos ou executados a sangue frio até 25 de outubro de 1974. Ao final deste ano não havia mais guerrilheiros no Araguaia.[42] Segundo registros, os corpos eram retirados em helicópteros, fotografados e identificados por oficiais de informação. As cabeças e as mãos dos guerrilheiros eram cortadas para que suas impressões digitais e arcadas dentárias nunca pudessem denunciar o crime que estava sendo perpetuado por ordem dos ditadores. O que restava dos corpos mutilados dos combatentes do povo era transportado para Brasília, onde eram e finalmente enterrados em diferentes lugares.

As campanhas militares tinham como objetivo erradicar a guerrilha que se opunha ao regime vigente. Essas campanhas foram comandadas pelos generais Antônio Bandeira e Hugo de Abreu, mobilizando cerca de 20 mil

---

[42]   Documento do Centro pela Justiça e o Direito Internacional (Cejil).

soldados[43] da Marinha, do Exército, da Aeronáutica e das polícias Militares dos Estados do Pará e Goiás.

Em função dessas operações de aniquilamento e eliminação da guerrilha, ocorreram inúmeras detenções, torturas e mortes durante as campanhas, perpetradas por agentes militares. O Estado também realizou operações onde prendeu dirigentes e militantes do PCdoB que foram torturados ou executados em Brasília, Rio de Janeiro e São Paulo.

Ao longo de muitos anos, o Estado brasileiro negou os desaparecimentos ocorridos entre 1972 e 1975 e se opôs expressamente a fornecer qualquer tipo de informação e documentação oficial sobre os fatos e as mortes, assim como a localização dos corpos.

Muitas correntes de esquerda criticam a ação guerrilheira no Araguaia, afirmando que não havia trabalho de massa e que a guerrilha nada mais era do que "focos" como os que Che Guevara instituiu na Bolívia. A ligação com as massas foi observada pelos familiares no palco da guerrilha e também como destaca Grabois no seu diário:

As FF.GG (Forças Guerrilheiras do Araguaia), em seu trabalho de ligação com as massas alcançaram êxitos realmente bons. Não ficamos isolados (ao contrário do Che na Bolívia), nem o inimigo conseguiu dar aos camponeses e demais habitantes da região uma imagem falsa a nosso respeito. Caiu no vazio sua

---

[43]   *Revista da Guerrilha do Araguaia*, 1982.

tentativa de nos apresentar como criminosos e marginais. Nossos combatentes já entraram em contato direto com cerca de 200 famílias. Está do nosso lado a simpatia da imensa maioria da população. Mas, em nosso meio, ainda se revela a tendência de procurar somente os elementos conhecidos. Julgamos imprescindível travar árdua luta pela conquista das massas. O inimigo pressiona os camponeses, procura suborná-los para transformá-los em informantes (pagam 1.500 cruzeiros por cada guerrilheiro entregue), difunde calúnias a nosso respeito.

Em busca da verdade

Pressionado pela opinião pública, o regime militar foi obrigado a ceder e, finalmente, em 28 de agosto de 1979, foi promulgada a Lei da Anistia, embora não fosse aquela anistia que todos clamavam: ampla, geral e irrestrita.

Os presos políticos saíram da prisão, os exilados retornaram ao país, os clandestinos voltaram para o convívio social, mas não houve nenhum esclarecimento por parte dos militares sobre o paradeiro dos mortos e desaparecidos.

Com isso, o regime ditatorial se eximia de suas responsabilidades, ocultando os assassinatos ocorridos nos Doi-Codis e na Guerrilha do Araguaia, não permitindo a elucidação das circunstâncias das mortes dos opositores do regime militar.

Três meses após a promulgação da Lei, as famílias continuaram lutando para esclarecer o paradeiro de seus entes queridos, realizando um novo Congresso dos Comitês Brasileiros de Anistia (CBAs), em Salvador. Solicitaram audiências com os ministros da Justiça, entraram com ações judiciais de responsabilização contra a União, de retificação de registros de óbitos e *habeas data*.

Em 1982, vários familiares dos guerrilheiros do Araguaia ajuizaram uma ação contra a União Federal, visando a indicação da sepultura de seus parentes, de modo que pudessem ser lavrados os atestados de óbitos e serem transladados os corpos, com base no relatório oficial da guerrilha, feito pelo então Ministério da Guerra.

Em 1985, com a redemocratização e o declínio dos CBAs, as famílias, junto com ex-presos políticos e pessoas comprometidas com a luta pelos direitos humanos, se organizam e fundam o Grupo Tortura Nunca Mais do Rio de Janeiro.

O arquivo do Dops do Rio de Janeiro, que se encontrava em poder da Polícia Federal, foi entregue ao governo do Estado em agosto de 1992, e logo foi permitida a pesquisa ao Grupo Tortura Nunca Mais/RJ. Nesse acervo, a família encontrou somente documentos referentes à militância de Maurício Grabois dos anos de 1930 até 1964. Após esse período, não existe nenhuma documentação acerca da sua vida política.

Desde 1982, os familiares dos combatentes do Araguaia ajuizaram uma ação de responsabilidade junto à 1ª Vara da Justiça Federal em Brasília, contra a União, na qual solicitaram o esclarecimento das circunstâncias das mortes, bem como a localização dos restos mortais e os respectivos atestados de óbitos dos guerrilheiros.

Em 2003, a juíza da 1ª Vara da Justiça Federal de Brasília, Solange Salgado, proferiu sentença em favor dos familiares, condenando a União a quebrar o sigilo das informações militares relativas a todas as operações realizadas no combate à Guerrilha do Araguaia, no sentido de construir um quadro preciso e detalhado das operações realizadas no cenário da luta; a intimar a prestar depoimento todos os agentes militares ainda vivos que tenham participado de quaisquer das operações, independentemente dos cargos ocupados à época e no prazo de 120 (cento e vinte) dias. Sem o cumprimento integral dessa decisão, condena a União ao pagamento de multa diária fixada em R$ 10.000,00.

Após a decisão da juíza Solange Salgado, os familiares e os Grupos Tortura Nunca Mais foram a Brasília solicitar aos ministros da Justiça e da Casa Civil, ao secretário Especial dos Direitos Humanos e ao Advogado Geral da União para que não recorressem da sentença. Contudo, os apelos das famílias e dos defensores dos Direitos Humanos não foram atendidos pelos governantes. A União recorreu, alegando que na petição inicial os autores demandavam somente a localização dos corpos, porém a juíza também determinava a apuração das circunstâncias das mortes.

A Advocacia Geral União recorreu da sentença ao Tribunal Regional Federal e este acatou a decisão.

Ao recorrer da sentença do TRF, o Ministro do STJ alegou que quando os familiares dos guerrilheiros propuseram a ação, em 1982: "(...) estávamos, sob as restrições de um regime de exceção, o que condicionava o procedimento de seus defensores e opositores, limitando também a atuação das instituições e de seus agentes". Já em 2003, época da primeira decisão, Forças Armadas e Poder Civil já não se opunham.

> Não há mais lugar para o desconhecimento ou a sonegação dos fatos históricos (...) Impõem-se, assim, em clima de serenidade e equilíbrio, ao serem reconhecidos os legítimos direitos dos familiares dos mortos e desaparecidos no conflito – hoje página incontroversa da nossa História – assim proceder sem reabrir feridas e recriar divisões que o processo democrático superou, afirmava a União.[44]

Em 20 de setembro de 2007, foi publicada no *Diário da Justiça* a decisão do Superior Tribunal de Justiça (STJ) sobre o recurso da União apresentado contra a decisão anterior do Tribunal Regional Federal (TRF). Segundo essa decisão, a União deverá quebrar o sigilo sobre as operações militares realizadas na região do Araguaia e fazer com que as Forças Armadas notifiquem todos os militares que participaram dos confrontos a depor. O STJ também determinou o prazo de 120 dias para a União informar a localização dos restos mortais dos combatentes

---

[44] Recurso Especial nº 873.371 - DF (2006/0161788-4).

da guerrilha, assim como realizar o traslado e entregar as ossadas aos familiares, para que esses possam exercer o sagrado direito de enterrar os seus parentes.

O ministro do STJ, Teori Albino Zavascki, manteve a sentença de primeira instância, proferida em 10 de junho de 2007 e que fora recusada em 26 de junho de 2007 pelo TRF. Em seu voto, Zavascki ponderou:

> (...) embora já distante no tempo como fato histórico que se pode ter por superado, inclusive pela pacificação nacional decorrente do processo de anistia, esse episódio deixou feridas de natureza pessoal aos familiares dos envolvidos que precisam ser de alguma forma cicatrizadas definitivamente.[45]

Até hoje, a União não se manifestou sobre a decisão do STJ.

---

[45] Agência Brasil.

Assembléia Legislativa do Estado do Rio de Janeiro

MOÇÃO

"DE LOUVOR AO CAMARADA MAURÍCIO GRABOIS"

*Requeremos à Mesa Diretora, na forma regimental, seja inserida em Ata, **MOÇÃO de LOUVOR** ao camarada **MAURÍCIO GRABOIS** pela sua combativa militância na luta pela extinção da exploração e da opressão dos povos, pela construção do socialismo e pelo estabelecimento da paz mundial.*

Este, como tantos outros camaradas do Movimento Comunista no Brasil, escreveram com o próprio sangue páginas de grande heroísmo e de amor pelo povo brasileiro, entregando toda a sua vida, desde a juventude, em prol da construção de uma sociedade sem classes, sem exploração, sem injustiças, sem miséria e sem guerras.

Feita a opção pelo povo, pela causa comunista, tiveram que enfrentar o ódio e a crueldade dos governos capitalistas. A vida pessoal e profissional e o convívio com os filhos e a família, foram substituídas por uma vida de clandestinidade e perseguições.

Vários deles lutaram, também, em outros países para sustentar a bandeira da liberdade, numa demonstração de solidariedade e de internacionalismo proletário.

Escreveram, com seus sacrifício e luta, páginas gloriosas de suas vidas e das histórias do Movimento Comunista e do nosso país.

Neste ano, em que se comemora os 80 Anos da Revolução Bolchevique, queremos homenageá-los e reverenciá-los, para perpetuar o exemplo desses homens e mulheres especiais, desses maravilhosos camaradas, cujos nomes devem ficar gravados na memória do nosso povo, cujas histórias devem ser repetidas entre os explorados e oprimidos.

Sala das Sessões, 06 de novembro de 1997

Deputado MARCELO DIAS
Vice-Líder do PT

Deputada HELONEIDA STUDART
Líder do PT

Deputado EDMILSON VALENTIM
Líder do PCdoB

Moção de louvor entregue à família pela Assembleia Legislativa do Estado do Rio de Janeiro, em 1997.

Conclusão corrigida

Maurício Grabois hoje é nome de uma rua situada no bairro de Bangu, na 17ª região administrativa do Rio de Janeiro, mudança aprovada pelo Decreto nº 6.350, de 2 de dezembro de 1986. Foi um dos mais atuantes comunistas brasileiros e dedicou a sua vida à luta contra as injustiças sociais. Junto com outros companheiros do PCdoB, deu o melhor de suas energias revolucionárias na preparação da luta e na resistência armada do Araguaia. Foi comandante da Guerrilha do Araguaia e desapareceu nas matas do Sul do Pará em 1973, junto com seu filho André.

Por muitos anos, o Estado brasileiro manteve o segredo sobre as operações realizadas na região do Araguaia, assim como o paradeiro dos guerrilheiros, tanto os membros do PCdoB como dos camponeses. Os responsáveis pelas torturas e fuzilamentos dos combatentes nunca foram responsabilizados. E, passados mais de 35 anos desde que os fatos ocorreram, todos os que cometeram crimes de lesa humanidade permanecem na mais absoluta impunidade. Isso decorre, principalmente, da interpretação dos militares em relação à Lei de Anistia, segundo a qual os agentes públicos que cometeram crimes durante o regime de exceção seriam beneficiados pela extinção da punibilidade: o que tem representado, na prática, um obstáculo para o acesso à justiça e conhecimento da verdade dos familiares e da sociedade brasileira.

Os familiares, devido à morosidade da justiça brasileira, apresentaram em 1995 à Comissão Interamericana de Direitos Humanos (CIDH) uma denúncia contra o Brasil, sendo peticionários o Centro Pela Justiça e o Direito Internacional (Cejil) e a Human Rights Watch/Américas e como copeticionários o Grupo Tortura Nunca Mais do Rio de Janeiro e a Comissão de Familiares de Mortos e Desaparecidos Políticos do Instituto de Estados da Violência do Estado.

Após 13 anos, finalmente, em 31 de outubro de 2008, a Comissão Interamericana de Direitos Humanos aprovou o Relatório de Mérito n. 91/08,[46] no qual concluiu que o Estado brasileiro arbitrariamente deteve, torturou e desapareceu com membros do PCdoB e camponeses. A CIDH também afirmou que a Lei de Anistia impediu que o Estado levasse a cabo qualquer investigação visando o julgamento e a sanção dos responsáveis pelos desaparecimentos forçados. Ainda:

---

[46] Demanda à Comissão Interamericana de Direitos Humanos apresentada pelo Cejil, em julho de 2009.

(...) a Comissão Interamericana concluiu que os recursos de natureza civil que visavam obter informações sobre os fatos não foram efetivos para garantir aos familiares dos desaparecidos o acesso à informação sobre a Guerrilha do Araguaia; que as medidas administrativas e legislativas adotadas pelo Brasil restringiram de forma indevida o direito ao acesso à informação de tais familiares; e, finalmente, que a integridade pessoal dos familiares das vítimas foi negativamente afetada pelos desaparecimentos forçados, a impunidade dos agentes responsáveis, assim como pela falta de acesso à justiça, à informação e à verdade[47] (...).

Devido ao Relatório de Mérito da Comissão Interamericana o governo brasileiro editou a Portaria nº 567, de 29 de abril 2009, designando um Grupo de Trabalho com a finalidade de coordenar "as atividades necessárias para a localização, recolhimento e identificação dos corpos dos guerrilheiros e militares mortos no episódio conhecido como Guerrilha do Araguaia".

A edição da referida portaria não só atropela as atribuições da Comissão Especial da Lei nº 9.140/95 – que tem competência legal para coordenar os trabalhos de localização e identificação dos corpos dos militantes políticos – como entregou a coordenação ao General Mário Lúcio Alves de Araújo, comandante do 23º Batalhão de Infantaria de Selva, que em entrevista ao jornal *O Norte*

---

[47] *Idem.*

de Minas, publicada em 31 de março de 2008, declarou "(...) há exatos 44 anos o Exército brasileiro, atendendo a um clamor popular, foi às ruas contribuindo substancialmente e de maneira positiva, impedindo que o Brasil se tornasse um país comunista".

Durante 35 anos nunca foi iniciada qualquer investigação pelo Estado brasileiro a fim de verificar as responsabilidades individuais, processar e sancionar os perpetradores dos crimes cometidos.

Os familiares e os Grupos Tortura Nunca Mais não reconhecem a legitimidade deste Grupo de Trabalho de caráter militar, denominado "Operação Tocantins", cuja atividade é executada e comandada pela 23ª Brigada de Infantaria de Selva, que teve importante papel no massacre à Guerrilha do Araguaia e foi corresponsável pelas torturas, execuções, mortes e ocultação de cadáveres dos guerrilheiros.

A história não pode se resumir apenas à entrega dos restos mortais de todos os opositores políticos da ditadura civil-militar. É fundamental que a sociedade brasileira possa conhecer o que aconteceu, como aconteceu, quando aconteceu, onde aconteceu e quais os responsáveis pelas atrocidades cometidas pelo Estado terrorista implantado, em nosso país, em 1964.

As famílias entendem que o papel das Forças Armadas nesse processo é o de fornecer as informações que estão nos seus arquivos e que já deveriam ser do conhecimento de todos os brasileiros.

É importante frisar que a formação desse malfadado grupo de trabalho, assim como as publicações de parte do arquivo considerado como pessoal do militar Sebastião Curió Rodrigues de Moura, Major Curió, um dos repressores à Guerrilha do Araguaia – veiculadas no jornal *O Estado de S. Paulo*, assumindo o fuzilamento de 41 guerrilheiros, entre os dias 21 e 22 de junho de 2009, não podem ser vistas como uma coincidência. O governo brasileiro está sendo, no momento, obrigado a responder sobre as circunstâncias das mortes e desaparecimentos assim como a localização dos corpos dos desaparecidos na Guerrilha do Araguaia, tanto pela justiça nacional como internacional.

Para que os fatos históricos sejam revelados, faz-se necessária uma campanha nacional e internacional para a abertura dos arquivos da Marinha, do Exército e da Aeronáutica. O Estado é o responsável pelas mortes e desaparecimentos dos opositores da ditadura militar, e cabe aos seus representantes mostrar a verdade. O Brasil é signatário de inúmeros tratados, convenções e declarações editadas pelas Nações Unidas (ONU) e pela Organização dos Estados Americanos (OEA).[48] Apesar

---

[48] O Estado brasileiro assinou a Declaração Universal dos Direitos Humanos, em1948; o Protocolo Internacional sobre os Direitos Civis e Políticos, em

das recomendações internacionais, o Estado continua violando os direitos fundamentais dos familiares.

O Brasil, comparado aos demais países da América Latina, ainda não estabeleceu uma política coerente de Direitos Humanos. Depois de 30 anos da Lei da Anista, somente em outubro de 2008 o governo responsabilizou um militar pela prática de tortura – o Coronel do Exército Carlos Brilhante Ustra.[49] Entretanto, nessa área, as ações governamentais se mostram muito tímidas.

A Lei nº 9.140/95[50] é perversa, pois declara que o ônus das provas pelas mortes é de responsabilidade das famílias e não do Estado. Tal fato é inconcebível. Vários casos foram estudados pela Comissão, a partir das provas documentais trazidas pelos familiares. Mesmo assim, não foi possível comprovar a responsabilidade do Estado pelas mortes, pelo fato de não terem sido abertos os "arquivos secretos", os quais estão sob a jurisdição do Governo Federal.

1966, ratificada em 1992; a Convenção Americana sobre Direitos Humanos (Pacto da Costa Rica) em 1969, ratificada em 1992; Convenção Interamericana para Prevenir a Tortura em 1985, ratificada em 1989; Conferência Mundial de Direitos Humanos (Declaração e Programa de Ação), em 1993; Protocolo Facultativo à Convenção contra a Tortura e outros Tratamentos ou Penas Cruéis, Desumanas ou Degradantes em 2002, retificada em 2007.

[49] Comandou o Doi-Codi de São Paulo nos anos de 1970-1972.

[50] Denominada "Lei dos Mortos e Desaparecidos Políticos" durante o regime ditatorial e promulgada pelo Presidente Fernando Henrique Cardoso em 1995.

Ao terminar este livro esperamos que o atual governo avance em sua luta pelos direitos humanos, como outros países na América Latina que também viveram períodos ditatoriais. Quase todos criaram "Comissões da Verdade" e tomaram medidas no sentido de buscar o esclarecimento e a responsabilização dos repressores, como é o caso da Argentina, do Chile, do Peru, da Guatemala, do Uruguai, dentre outros.

Após mais de 35 anos de luta dos familiares de mortos e desaparecidos políticos e de entidades de direitos humanos pelo "direito à verdade", disposto no Pacto de San Jose da Costa Rica e ratificado pelo governo brasileiro em 25 de setembro de 1992, a sentença da juíza Solange Salgado deve ser considerada histórica: quem sabe não poderá ser o início de um processo de resgate da história recente do Brasil?

A família e os amigos de Maurício Grabois esperam do governo brasileiro uma resposta sobre o assassinato e onde enterraram os restos mortais desse grande vulto da história brasileira, assim como dos outros desaparecidos que tombaram na luta por melhores dias para o nosso povo. Seu nome está na galeria dos grandes heróis do povo brasileiro, junto com outros revolucionários. Sua vida será fonte de inspiração constante para os jovens que acreditam na utopia de uma sociedade mais justa e igualitária.

Placa em homenagem a Andre Grabois no Centro de Referência do Trabalhador em São Paulo, 1992.

Referências bibliográficas

ARNS, Paulo Evaristo; WRIGT, James. (Org.). *Dossiê dos mortos e desaparecidos políticos a partir de 1964*. São Paulo: Editora do Governo do Estado de São Paulo, 1995, p. 448.

CARDOSO, Irene de Arruda Ribeiro. "Memória de 68: terror e interdição do passado". *Tempo Social: Revista de Sociologia da USP*, São Paulo, v. 2 nº 2 pp. 101-112, ago./dez., 1990.

_____. "A comemoração impossível". *Tempo Social: Revista de Sociologia da USP*, São Paulo, v. 10, nº 2, pp.1-12, ago/dez. 1998.

_____. "Maria Antônia: a interrogação sobre um lugar a partir da dor". *Tempo Social: Revista de Sociologia da USP*, São Paulo, v. 8, nº 2, pp. 1-10, out. 1996.

CHILCOTE, Ronald H. *O Partido Comunista Brasileiro – Conflito e integração – 1922-1972*. Rio de Janeiro: Graal, 1982.

DIRCEU, José. "O movimento estudantil em São Paulo". *In:* VIEIRA, Maria Alice; GARCIA Marco Aurélio (Org.). *Rebeldes e contestadores*. São Paulo: Editora Perseu Abramo, 1998. pp. 83-93.

FERREIRA, Elizabeth F. Xavier. *Mulheres, militância e memória*. Rio de Janeiro: Fundação Getulio Vargas, 1996. p. 214.

GORENDER, Jacob. *Combate nas trevas*. 6ª ed. São Paulo: Ática, 2006.

GRABOIS, Maurício. "Duas concepções, duas orientações políticas". Marxist Internet Archive. Disponível em: <http//: www.marxists.org. Acesso em 2005.

_____. e AMAZONAS, João. "Cinquenta anos de luta – 1972 – Meio século de existência". Disponível em: <http//:www.vermelho.org.br>. Acesso em: 2005.

LENINE, V. I. "Duas táticas da social-democracia na revolução democrática". *In: Obras escolhidas*. São Paulo: Alfa-Ômega, 1979. Tomo 1.

MARTENS, Ludo. *Stalin – Um novo olhar*. Rio de Janeiro: Revan, 2003.

PARTIDO COMUNISTA BRASILEIRO. "Declaração sobre a política do PCB (Março de 1958)". *In:* CARONE, Edgar (Org.). *O PCB – 1943 a 1964*. São Paulo: Difel, 1982, v. 2, pp. 176-196.

PARTIDO COMUNISTA DO BRASIL. "Manifesto-Programa". *In:* REIS FILHO, Daniel e FERREIRA DE SÁ, Jair (Org.) *Imagens da revolução – Documentos políticos das organizações clandestinas de esquerda dos anos 1961-1971*. 2ª ed., São Paulo: Expressão Popular, 2006, pp. 34-48.

_____. "União dos brasileiros para livrar o país da crise, da ditadura e da ameaça neocolonialista". *In:* REIS FILHO, Daniel e FERREIRA DE SÁ, Jair (Org.) *Imagens da revolução – Documentos políticos das organizações clandestinas de esquerda dos anos 1961-1971*. 2ª ed., São Paulo: Expressão Popular, 2006, pp. 71-114.

POMAR, Wladimir. *Pedro Pomar, uma vida em vermelho*. São Paulo: Xamã, 2003, p. 384.

ROEDEL, Hiran; AQUINO, Rubin Santos Leão de; VIEIRA, Fernando Antônio da Costa; NEAGELI, Lucia Baère; MARTINS, Luciana (Org.). *PCB: oitenta anos de luta*. Rio de Janeiro: Fundação Dinarco Reis, 2002.

SHUMA, Schumaher; BRAZIL, Vital Érico (Orgs.). *Dicionário de mulheres do Brasil: de 1500 até a atualidade, biográfico e ilustrado*. Rio de Janeiro: Jorge Zahar, 2000, p. 567.

SILVA, Hélio; Carneiro Mara Cecília Ribas. "O governo provisório". *In: História da República Brasileira*. São Paulo: Editora Três, 1975, v. 8, pp. 31 a 69.

_____. "O Estado Novo". *In: História da República Brasileira*. São Paulo: Editora Três, v. 10, 1975, pp. 31 a 50.

_____. "29 de Outubro". *In: História da República Brasileira*. São Paulo: Editora Três, 1975, v. 13, p. 138.

TAVARES, Flávio. "O golpe de 1964, início de 1968". *In:* VIEIRA, Maria Alice; GARCIA Marco Aurélio (Org.) *Rebeldes e contestadores*. São Paulo: Editora Perseu Abramo, 1998, pp. 95-103.